LES AMOURS DE PROTÉE,

BALLET,

REPRÉSENTÉ POUR LA PREMIERE FOIS, PAR L'ACADEMIE ROYALE DE MUSIQUE,

Le Jeudy 23. May 1720.

Remis au Theâtre le Mardy 7. Septembre 1728.

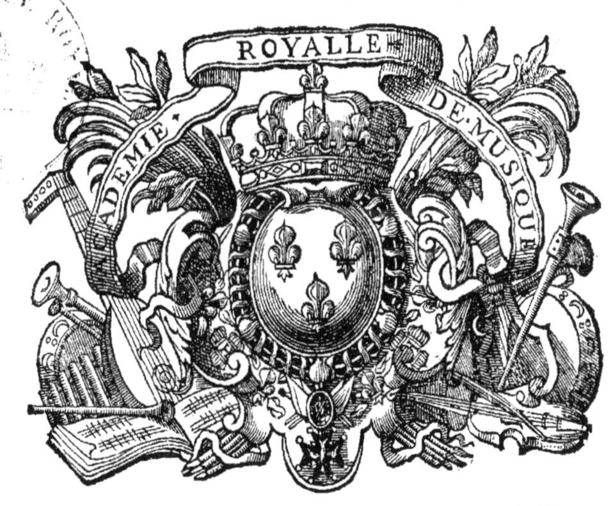

DE L'IMPRIMERIE

De JEAN-BAPTISTE-CHRISTOPHE BALLARD, Seul Imprimeur du Roy, & de l'Academie Royale de Musique.

M. DCCXXVIII.

AVEC PRIVILEGE DU ROY.

LE PRIX EST DE XXX. SOLS.

AVERTISSEMENT.

LE Titre de cette Piece n'annonce point Protée comme un Dieu, forcé par sagesse de se transformer en cent manieres differentes, pour cacher l'avenir aux Mortels; mais, comme un Dieu amoureux, plus occupé de son sort, que de celuy des autres, & qui ne se sert du pouvoir qu'il a de changer de figure, que pour les interests de sa passion.

Cette passion, au reste, n'est point une fiction de ma part; le Mythologiste au Livre VIII. Chap. VIII. en parle comme d'un fait: Il dit, que Protée aima Pomone, Déesse des Jardins, & qu'il épousa Thérone Nymphe de la Mer; cela seul ne suffisoit pas, à beaucoup près, pour faire le sujet d'une Piece: Aussi avoüeray-je que le reste est de mon invention. Comme maître de ma Fable, j'ay recherché les idées que j'ay cru les plus Théatrales, persuadé qu'elles renferment la principale partie, & pour dire plus, l'ame du Poëme Drammatique.

Le genre de Poësie dont j'ay fait choix, a eu le bonheur de plaire chez les Anciens; il a pareillement réüssi chez les Modernes; & c'est de tout les genres de Theâtre celuy auquel le Public aime le plus volontiers à se prêter, à cause du plaisir qui en resulte: Il ne s'agiſſoit que d'y mettre des idées riantes & nouvelles: J'ay tâché d'en tirer, de l'uſage que Protée fait de ſon pouvoir, pour ſatisfaire ſa propre curioſité; j'ay ſuivy en cela le ſyſtême de la Mythologie, qui ôte à tous les Dieux, ſans exception, la connoiſſance de l'avenir, dans leur propre cauſe.

On verra dans le Prologue que j'ay perſonnifié deux Amours; la choſe n'eſt pas ſans exemple; & d'ailleurs comme elle eſt naturelle, la fiction ſeroit permiſe; auſſi les Poëtes appellent-ils Venus, la mere des Amours; preuve certaine qu'il y en a pluſieurs.

A l'égard du ſtile, j'ay tâché, ſans le negliger, de le ſubordonner aux choſes, & de n'en pas faire l'eſſentiel de mon Ouvrage: Heureux ſi le Public y peut trouver d'ailleurs, de quoy s'en dédommager, & veut bien le recevoir avec indulgence.

ACTEURS
DU PROLOGUE.

VENUS, Mlle. Hermanse.
L'AMOUR CONSTANT, Mr. Dun.
L'AMOUR VOLAGE, Mlle. Julie.
UNE AMANTE CONSTANTE, Mlle. Petitpas.
UN AMANT VOLAGE, Mr. Tribou.
Suite de l'AMOUR CONSTANT, & de l'AMOUR VOLAGE.

ACTEURS ET ACTRICES
de tous les Chœurs du Prologue & du Ballet.

CÔTE' DU ROY.		CÔTE' DE LA REINE.	
Mesdemoiselles	*Messieurs*	*Mesdemoiselles*	*Messieurs*
Souris-L.	Dun pere.	Antier-C.	Le Myre-L.
Julie.	Bremond.	La Roche.	Morand.
Dun.	Flamand.	Tettelette.	S. Martin.
Souris-C.	Levasseur.	Charlard,	Bertin.
Dutilly.	Deshais.	Petitpas.	Rebours.
De Kerkoffen.	Buseau.	Cartou.	Dautrep.
	Dubrieul.		Corail.
	Duplessis.		Duchesne.
	Combeau.		Houbeau.

DIVERTISSEMENT du Prologue.

SUITE DE L'AMOUR CONSTANT;

Messieurs Tabary, Dangeville, Hamoche.

Mesdemoiselles Petit, Duroché, Lamartiniere.

SUITE DE L'AMOUR VOLAGE;

Mademoiselle Sallé;

Messieurs Savar, Bontemps, Dumay.

Mesdemoiselles Duval, Thibert, Binet.

LES AMOURS DE PROTEÉ, BALLET.

PROLOGUE.

Le Theâtre représente l'Isle de Paphos.

SCENE PREMIERE.

L'AMOUR CONSTANT, L'AMOUR VOLAGE, & leurs Suites.

LES AMANTS CONSTANTS.

Regnez, Amour constant, rassemblez vos attraits
Pour rendre tous les cœurs fideles.

LES AMANTS VOLAGES.

Regnez, volage Amour, faites voler vos traits,
Preparez-nous des conquêtes nouvelles.

L'AMOUR CONSTANT.

Quittez, quittez ce beau séjour ;
Osez-vous dans Paphos soûtenir ma présence ?

L'AMOUR VOLAGE.

Comme vous, de Venus j'y reçû la naissance ;
Comme vous, j'ay mes droits dans sa brillante Cour.

L'AMOUR CONSTANT.

Non, je ne puis souffrir qu'un Ennemy partage
Un pouvoir, qu'à moy seul Venus avoit remis.

L'AMOUR VOLAGE.

Vôtre pouvoir plaisoit au temps des Amadis,
Aujourd'huy je plais davantage.

Plus volages que les Zéphirs,
Mes Sujets ignorent mes peines ;
Ce sont les Jeux & les Plaisirs
Qui forment les nœuds de leurs chaînes.

L'AMOUR CONSTANT.

Je fais le bonheur d'un amant
Par sa constance même ;
Plus on connoît le prix de la Beauté qu'on aime,
Et plus on aime constament.

Tout

PROLOGUE.

Tout amant fidele est content.

L'AMOUR VOLAGE.

Du moins, il aime à le paroître.

L'AMOUR CONSTANT.

On se fait de mes feux un honneur éclatant.

L'AMOUR VOLAGE.

C'est peut-être un honneur de passer pour constant;
Mais, quel avantage de l'être?

L'AMOUR CONSTANT.

Vous qui suivez mes pas, Plaisirs, rassemblez-vous;
Contre un fier Ennemy, soûtenez ma puissance.

L'AMOUR VOLAGE.

Jeux qui m'accompagnez, volez, accourez-tous;
Faites triompher l'Inconstance.

SCENE II.

TROUPE DE PLAISIRS de la ſuite de l'Amour conſtant.

TROUPE DE PLAISIRS de la ſuite de l'Amour volage.

UNE SUIVANTE DE L'AMOUR CONSTANT.

Coeurs inconſtants, vôtre erreur eſt extrême;
C'eſt n'aimer rien, que de changer toûjours:
Fixez vos feux; le Zephire luy-même
Près de Flore aſſidu, paſſe ſes plus beaux jours.

On danſe.

UN SUIVANT DE L'AMOUR VOLAGE.

Amants conſtans, briſez vos chaînes,
Accourez, volez dans nos fers:
Ils ſont faciles & legers;
Pour nos plaiſirs, quittez vos peines.

Un cœur n'eſt point fait pour ſouffrir
Des feux, dont il n'eſt pas le maître:
Le même jour qui les voit naître,
Ne doit-il pas les voir mourir?

Amants constants, brisez vos chaînes,
Accourez, volez dans nos fers:
Ils sont faciles & legers;
Pour nos plaisirs, quittez vos peines.

On danse.

Les Amants volages vont offrir leurs chaînes de fleurs aux Amants constants qui se laissent enchaîner; une partie passe du côté de l'Amour volage.

L'AMOUR CONSTANT.

O vous dont je tiens la naissance,
Venus, par quel charme fatal
Faut-il voir, en des lieux pleins de vôtre puissance,
Le triomphe de mon Rival?

VENUS paroît dans les Airs.

CHOEURS.

Reine des Cœurs, Fille de l'Onde,
Descendez dans ce beau séjour;
La paix, & le bonheur du monde
Vous rappellent dans vôtre Cour.

Reine des Cœurs, Fille de l'Onde,
Descendez dans ce beau séjour.

SCENE III.

VENUS, sa Suite, & les Acteurs des Scenes précédentes.

VENUS, dans son Char.

Que les Ris & les Jeux, que ma presence inspire
Dans ces lieux, ramenent la Paix:
Vous, qui ne me quittez jamais,
Plaisirs, regnez dans mon Empire.

à l'Amour constant.

Mon Fils, j'entens vôtre cœur qui soupire,
On vous enleve vos Sujets:
Je viens regler vos droits sur tout ce qui respire,
Vos vœux vont être satisfaits.

L'AMOUR CONSTANT.

Déesse, chaque jour quelqu'amant se dégage.

L'AMOUR VOLAGE.

A toutes les beautez on doit un tendre hommage.

VENUS.

Hé bien, pour dispenser vos loix,
Amours, entre vous deux, il faut faire un partage.

à l'Amour constant.

Vous, mon Fils, joüissez du charmant avantage
De blesser tous les cœurs pour la premiere fois;
Mais, consentez aussi, qu'aprés leur premier choix,
Ils puissent à leur gré suivre l'Amour volage.

aux Amours.

Tendres Amours, qu'un spectacle pompeux
Signale icy vôtre puissance:
Du caractere de vos feux,
Faites-y voir la difference.

L'AMOUR CONSTANT.

Vertumne, par ses soins, & sa constante ardeur
A sçû vaincre autrefois une beauté rebelle.

L'AMOUR VOLAGE.

De Protée, à mon gré, je gouvernois le cœur;
Ce Dieu changeant, brûla pour elle.

VENUS.

Amours, il faut, en ma faveur,
Que l'Histoire s'en renouvelle.
Plaisirs, rassemblez-vous. La Mere des Amours,
Par leur nouveau partage, assure les beaux jours.

On danse.

CHOEURS.

Regnez, belle Venus, tout flatte vôtre gloire,
Vous rendez aux Amours une éternelle paix;
Que Paphos à jamais
En garde la memoire.

FIN DU PROLOGUE.

ACTEURS
DU BALLET.

POMONE, *Déesse des Fruits,* Mlle. Antier.

VERTUMNE, *Dieu des Jardins, Amant aimé de Pomone,* Mr. Dun.

THE'RONE, *Nymphe de la Mer, autrefois aimée de Protée,* Mlle. Pelissier.

PROTE'E, *Amoureux de Pomone, infidele à Thérone,* Mr. Chassé.

TRITON, *Confident de Protée,* Mr. Tribou.

Troupe de Tritons & de Nereïdes.

UNE NEREYDE, Mlle. Antier-C.

Troupe de Bergers & de Bergeres.

UNE BERGERE, Mlle. Mignier.

Troupe de Jardiniers & de Jardinieres.

Troupe de Matelots & de Matelottes, Habitants du Rivage.

UNE JARDINIERE, Mlle. Mignier.

La Scene est dans les Jardins de Pomone, en l'Isle de Paphos.

DIVERTISSEMENT du Ballet.

PREMIER ACTE.

TRITONS ET NEREYDES;

Monſieur D-Dumoulin;

Meſſieurs Laval, Maltair-C;

Meſſieurs Javillier, Dumay, Tabary, Camargo, Dangeville, Maltair-L.

Mademoiſelle Deliſle.

Meſdemoiſelles Thybert, Duroché, Lemaire, Verdun, Binet, Lamartiniere.

SECOND ACTE.

BERGERS ET BERGERES;

Monſieur Laval.

Monſieur D-Dumoulin. Mademoiſelle Sallé.

Meſſieurs Dumoulin-L., Bontemps, Maltair-L., Savar, Dangeville, Maltair-C.

Meſdemoiſelles Petit, Thybert, Duroché, Duval, Lamartiniere, Boiſſelet.

TROISIE'ME ACTE.

JARDINIERS ET JARDINIERES;

Monſieur Maltair-C.

Meſſieurs Javillier, Dumay, Pierret, Camargo.

Meſdemoiſelles Duval, Lemaire, Petit, Verdun,

MATELOTS ET MATELOTTES;

Mademoiſelle Camargo;

Meſſieurs Bontemps, Javillier, Dangeville, Maltair-L.

Meſdemoiſelles Duroché, Thybert, Lamartiniere. Binet.

On vend la Muſique de cette Piece 12. liv.
Celle d'*Hypermneſtre* eſt de même prix
Les *Cantates* in-folio du même Auteur, ſont de 5. liv.
La Cantate de POMONE. 1. liv. 4. ſ.

LES

LES AMOURS DE PROTÉE, *BALLET.*

ACTE PREMIER.

Le Theâtre représente l'extrémité de l'Empire de POMONE, sur les bords de la Mer.

SCENE PREMIERE.

THE'RONE.

AMour, brise les nœuds d'une fatale chaîne ;
Te feras-tu toûjours un plaisir de ma peine?
De Protée en ces lieux on attend le retour ;
Vient-il faire à mes feux quelque nouvel outrage?
Ne puis-je haïr le Volage,
Ou le devenir à mon tour?

Amour, brise les nœuds d'une fatale chaîne;
Te feras-tu toûjours un plaisir de ma peine?

Mon cœur, contre l'Ingrat, vainement irrité,
L'accuse, helas! moins qu'il ne le rappelle:
Quand on se plaint de l'infidelité,
On aime toûjours l'infidele.

SCENE II.

POMONE, THE'RONE.

POMONE.

PRenez part aux transports qui regnent dans mon cœur,
Nymphe, calmez l'excès de vôtre inquiétude:
Pourquoy chercher la solitude?
Elle irrite vôtre langueur.

THE'RONE.

Vous triomphez, belle Pomone;
Vertumne vous aime toûjours.

POMONE.

Que ne puis-je vous voir, trop sensible Thérone,
Plus heureuse dans vos amours!

THE'RONE.

L'Amour n'a pour vous que des charmes ;
Il n'a que des rigueurs pour moy.

Avec plaisir vous luy rendez les armes:
Avec regret, j'obéïs à sa loy.

L'Amour n'a pour vous que des charmes ;
Il n'a que des rigueurs pour moy.

POMONE.

De mon destin j'aurois tort de me plaindre,
Vertumne répond à mes vœux ;
Vous seule, dans ma Cour, vous connoissez nos feux :
L'Hymen va nous unir, rien ne peut nous contraindre;
L'Amour, dont vous vous plaignez tant,
Pour vous, belle Thérone, en pourra faire autant.

THE'RONE.

Non, Protée est toûjours le même;
Changeant d'objet à chaque instant:
Non, jamais il ne fût constant
Que dans son inconstance extrême.

POMONE.

Sur son cœur vous avez des droits,
Qui le rameneront à la fin sous vos loix.

Plus un volage amant dispute la victoire,
Plus le triomphe est éclatant:
L'Amour met sa plus haute gloire
A fixer un cœur inconstant.

Belle Nymphe, pour vous l'amitié m'interesse,
Vôtre amant sur ces bords va paroître aujourd'huy;
Je veux l'entretenir du trouble qui vous presse.

THE'RONE.

Vertumne vient; je vous laisse avec luy.

En voyant mon Ingrat, cachez bien ma foïblesse.

SCENE III.

POMONE, VERTUMNE.

VERTUMNE.

Belle Déesse, enfin m'est-il permis
De publier que mon cœur vous adore?
A vos ordres toûjours soumis,
J'ay caché, malgré moy, le feu qui me dévore;
Je touche au doux moment que l'Hymen m'a promis;
Faut-il long-temps me taire encore?

POMONE.

D'un amour si discret,
Vertumne, recevez la juste recompense.
Pomone aujourd'huy vous dispense
De garder un plus long secret.

VERTUMNE.

Après une contrainte austere,
Laissons avec transport éclater nos soupirs;
Si quelquefois l'Amour nous oblige au mistere,
C'est pour redoubler nos plaisirs.

POMONE.

Si toûjours l'ardeur la plus belle
Peut avoir des attraits pour vous ;
Ah ! quel cœur sera plus fidele,
Et quels amants seront plus fortunez que nous !

VERTUMNE.

Si vôtre bonheur peut dépendre
De ma constance & de ma foy ;
Ah ! quel cœur fût jamais plus tendre,
Et quel amant sera plus fidele que moy ?

ENSEMBLE.

Tendre Amour, qu'il m'est doux de publier ta flâme !
Je te dois les transports qui regnent dans mon ame.

POMONE.

Aux Habitans des lieux, où je donne des loix,
Hâtez-vous d'annoncer mon choix.
Dans mes jardins, que nôtre hymen s'apprête ;
Je vous laisse le soin d'en ordonner la fête.

Je veux attendre icy Protée à son retour ;
Luy parler de Thérone, & luy vanter ses charmes ;
J'espere de la Nymphe adoucir les allarmes.

VERTUMNE.

Je vais tout disposer pour cet auguste jour.

SCENE IV.

POMONE, PROTE'E.

On entend un bruit, formé par les Conques des Tritons.

POMONE.

QU'entens-je ? c'eſt Protée, & ſa brillante Cour.
Son char, que l'œil ne ſuit qu'à peine,
Semble voler ſur la liquide plaine.
Les Tritons, par reſpect, ſe rangent à l'entour.

PROTE'E deſcend ſur le rivage.

POMONE.

Quel deſſein en ces lieux aujourd'huy vous rameine ?
Protée a-t-il paſſé le vaſte ſein des Mers,
Pour former, ſur ces bords, quelque nouvelle chaîne,
Ou pour chercher ſes premiers fers ?

PROTE'E.

Quand le Deſtin m'appella dans la Créte,
J'eus peine à m'arracher de ce brillant ſéjour.
Dévoré d'une ardeur ſecrete,
J'emportay, dans mon ſein, tous les feux de l'Amour.

Le même objet sur ces bords me rappelle :
Ah ! Déesse , jugez de ma felicité ;
La Mere d'amour est moins belle ,
Et la Reine des cieux a moins de majesté.

POMONE.

Thérone doit sécher la source de ses larmes ;
Dans ce portrait fidelle , où brillent tant d'attraits ,
Vous venez d'exprimer ses traits:
Ah ! que vôtre retour va calmer ses allarmes !

PROTÉE.

De la beauté , dont mon cœur suit les loix ,
Mes Sujets, par leurs Jeux , vont celebrer les charmes:

AUX TRITONS.

Que mon amour s'explique par vos voix,
Que l'Univers apprenne à qui je rends les armes.

Pour servir mon amour , paroissez sur ces bords ,
Tritons , sortez de vos Grottes humides ;
Et vous , par vos charmants accords ,
Secondez mes transports ,
Aimables Néréides.

SCENE V.

SCENE V.

POMONE, PROTE'E, TRITON, & leurs Suites, qui entrent en dansant.

TRITON, alternativement avec le Chœur.

CElebrez les plus doux attraits,
Chantez leur nouvelle victoire:
Que leur éclat brille à jamais;
Jusqu'aux cieux, élevez leur gloire.

LE CHOEUR.

Celebrons les plus doux attraits,
Chantons leur nouvelle victoire:
Que leur éclat brille à jamais;
Jusqu'aux cieux, élevons leur gloire.

On danse.

TRITON.

Regne, Amour, dans ce beau séjour;
Sur ce rivage,
Que chacun s'engage.
Regne, Amour, dans ce beau séjour,
Pour nos plaisirs, vien rassembler ta cour.

Jeunes Cœurs, laissez-vous charmer,
Les Dieux vous ont faits pour aimer,
Oseroient-ils vous en blâmer?
Comme vous, on les voit s'enflâmer.
Leur tendresse
Vous dit sans cesse,
Loin de resister,
Qu'il faut les imiter.

PROTE'E.

Tout doit en ces lieux rendre hommage
A l'aimable Objet que je sers.

Tendres Oyseaux, sous ce feüillage,
Ranimez vos charmants Concerts.
Arbres épais, redoublez vôtre ombrage,
Volez, Zéphirs, & parfumez les airs.

Tout doit en ces lieux rendre hommage
A l'aimable Objet que je sers.

On danse.

TRITON, alternativement avec le Chœur.

Déesse, joüissez d'une douce victoire,
L'Amour vous préparoit un triomphe charmant.

LE CHOEUR.

Déesse, joüissez d'une douce victoire,
L'Amour vous préparoit un triomphe charmant.

TRITON.

A l'aimable Pomone il réservoit la gloire,
De fixer un volage amant.

LE CHOEUR.

A l'aimable Pomone il réservoit la gloire,
De fixer un volage amant.

POMONE.

Qu'ay-je entendu ? grands Dieux ! la charmante Thérone
N'est donc pas l'objet de vos chants ?

PROTE'E.

Non. Les attraits les plus charmants
Cédent aux attraits de Pomone.

J'aimois Thérone, & vivois sous sa loy.
Par l'éclat de vos yeux je me laissay surprendre ;
Ah ! si je luy manque de foy,
A vos charmes vainqueurs, les siens doivent s'en prendre.

POMONE.

Protée, oubliez-vous de si tendres amours ?
Eteignez une ardeur qui vous rend si coupable :
Thérone vous aime toûjours,
Et Thérone est toûjours aimable.

PROTÉE.

Pour elle, de l'amour j'ay ressenti les coups;
Mes yeux même aujourd'huy la trouvent encor belle:
Mais, mon cœur désormais ne me dit rien pour elle;
Il ne me parle que pour vous.

POMONE.

Pour un autre que vous, ma tendresse est extrême;
Vous en laisser douter, ce seroit vous trahir:
Protée, en vain, veut que je l'aime,
L'Amour me défend d'obeïr.

SCENE VI.

PROTE'E, TRITON.

PROTE'E.

POur un autre que moy la Déesse est sensible !
Triton, l'ay-je bien entendu ?
A l'Amour si long-temps son cœur inaccessible,
S'est donc enfin rendu ?
Ciel ! quel est cet amant, dont la tendre constance
A surmonté sa resistance ?

TRITON.

On ne connoît point son Vainqueur.

PROTE'E.

Ah ! cette incertitude augmente mon malheur.

TRITON.

Avec cet air rêveur, qu'inspire la tendresse,
Vertumne assez souvent se rendoit en ces lieux,
N'aimeroit-il point la Déesse ?

PROTE'E.

Vertumne seroit-il ce Rival trop heureux ?
Ah ! je veux éclaircir un doute qui me blesse.

TRITON.

Vous avez offensé l'Amour,
C'est un crime que l'inconstance :
Ce Dieu, par un juste retour,
S'est vengé pendant vôtre absence.
Vous avez offensé l'Amour,
Ce Dieu se souvient de l'offense.

PROTE'E.

De quel trouble cruel mon cœur est agité?
Vertumne, mon Rival! Ciel! seroit-il possible!.....
Suy-moy, Triton, je sçais le secret infaillible
De pénétrer la verité

FIN DU PREMIER ACTE.

ACTE SECOND.

Le Theâtre représente un Bois, consacré à POMONE; On y voit un Trône élevé pour recevoir les prémices des Fruits que les Habitants de l'Isle, luy presentent.

SCENE PREMIERE.

PROTE'E, sous la figure de Vertumne, TRITON.

TRITON.

Vous avez de Vertumne emprunté la figure;
Quel œil n'y seroit pas trompé?
D'un si prompt changement Triton même est frapé.
Il n'appartient qu'à vous d'imiter la nature.

PROTE'E.

Incertain de mon ſort, comme les autres Dieux,
Faut-il que le Deſtin le dérobe à mes yeux?
Sous cent formes, Protée affecte de paroître:
Tu ſçais comme j'échape aux Mortels curieux.
Pour trouver un Rival, que je crains de connoître;
Devrois-je me ſervir d'un don ſi précieux?

Cruel Amour, que tes traits ſont à craindre!
Tu me fais adorer tes fers:
Ton pouvoir me reduit à feindre,
Vien me juſtifier aux yeux de l'Univers.

TRITON.

A la crainte aujourd'huy vôtre cœur s'abandonne:
Tremblez-vous d'éclaircir un miſtere fatal?

PROTE'E.

Je ſçauray ſi Vertumne eſt aimé de Pomone.

TRITON.

Pour peu que vous plaiſiez, il eſt vôtre Rival.

PROTE'E.

Quelle épreuve pour un cœur tendre!
Ah! que je crains d'en trop apprendre!

TRITON.

Lorſque l'Amour, à nôtre ardeur,
A formé des deſſeins contraires:
Il vaut mieux garder nôtre erreur,
Que de pénétrer ſes miſteres.

PROTE'E.

PROTE'E.

Ah! si je m'aperçois que Vertumne, en ce jour,
Soit l'objet de son tendre amour;
Si leurs cœurs sont d'intelligence,
J'ay déja, cher Triton, medité ma vengeance.

C'est dans cet aimable séjour
Que sur un Thrône, orné des dons de la Déesse,
Elle reçoit les vœux des Bergers d'alentour;
Pour chanter ses bienfaits, tout un Peuple s'empresse.

TRITON.

Vous allez voir briller sa Cour;
On s'assemble dans ce Boccage.

PROTE'E.

De ses propres présens on va luy faire hommage.
Va m'attendre, Triton, vers ce prochain détour:
Je vais sonder le cœur de l'Objet qui m'enchante.

TRITON.

Daigne l'Amour répondre à vôtre attente.

SCENE II.

PROTE'E, sous la figure de VERTUMNE.

AMour, viens seconder mes vœux;
De l'Objet que j'adore, excite la colere:
Ah! si tu veux me rendre heureux,
Fais que je puisse luy déplaire.

Tu m'as fait ressentir le tourment sans égal
De trouver à mes feux la Déesse rebelle:
Sous la figure d'un Rival,
Aurois-je le malheur de me voir aimé d'elle?

Amour, viens seconder mes vœux;
De l'Objet que j'adore, excite la colere:
Ah! si tu veux me rendre heureux,
Fais que je puisse luy déplaire.

La Déesse vient en ces lieux;
Ah! de cet entretien que n'ay-je pas à craindre?
Il la regarde.
Que vois-je? un doux regard s'échape de ses yeux;
Je sens ma voix prête à s'éteindre.

SCENE III.

POMONE, PROTE'E, sous la figure de VERTUMNE.

POMONE.

QUoy ! Vertumne, c'est vous ? Ah ! qu'un si prompt retour
M'est un garant bien doux de vôtre tendre amour...
Mais, quel trouble imprévû vous presse?
Quelle est cette sombre tristesse?
Vos regards inquiets, glacent mon cœur d'effroy.

PROTE'E.

à part.

Ciel ! que dois-je luy dire ? Amour, inspire-moy.

à POMONE.

Je crains les Jeux qu'on vous apprête.
La gloire, helas ! dans ce moment
Peut vous faire oublier & l'Amour & l'Amant.
Vôtre cœur trop sensible aux honneurs de la Fête...

POMONE.

Croyez-vous que ces soins partagent mon amour ?
Mon cœur songe sans cesse à l'objet qui m'adore.
Vertumne, vous seriez éloigné de ma cour,
Que je vous y verrois encore.

PROTE'E.

à part.
Qu'entends-je ? ah ! quels funestes coups
Frapent mon cœur jaloux !

POMONE.

Vous murmurez, Vertumne, expliquez ce mistere :
Que mon cœur en est allarmé !
Vous détournez les yeux... Ay-je pû vous déplaire ?
Ah ! si Pomone vous est chere,
Vous en êtes toûjours aimé.

PROTE'E.

Toûjours aimé ! Ciel ! je m'égare.
Déesse.... Ah ! quelle horreur de mon ame s'empare ?

POMONE.

Vous me parlez d'horreur dans ces moments heureux,
Où tout semble annoncer le bonheur de nos feux ?
N'aurois-je plus pour vous les mêmes charmes ?
Ah ! calmez vos vaines allarmes.

Tout autre bien que vôtre amour,
Pour mon cœur n'a rien qui l'enchante.
Les Jeux qu'on m'aprête en ce jour,
Sont faits pour la Déesse, & non pas pour l'Amante.

Quoy ! vous craignez encor de renco[illegible]trer mes yeux ?

PROTE'E.

Ciel ! que vous punissez mes desirs curieux !

POMONE.

Ah ! je vois d'où naît vôtre peine ;
Vôtre cœur allarmé, de Protée est jaloux ;
Vous sçavez son amour, perdez un vain couroux,
Rassurez-vous, il gémit sous ma chaîne ;
Je sçauray l'accabler de rigueurs & de haine :
Me punisse l'Amour, si je l'aime jamais,
Cher Vertumne, croyez le serment que j'en fais.

PROTE'E.

C'en est trop. Quelle violence !
Ne differons plus ma vengeance.

POMONE.

J'aime à voir les transports de ce cœur agité.

Qu'un amant jaloux a de charmes !
Qu'il flatte nôtre vanité !
Ses soupçons, ses vives allarmes,
Sont les garants de sa fidelité.

PROTÉE.

Helas ! que je vous plains, trop ſenſible Pomone !
Vous meritiez un plus fidele amant.
Oubliez ce Vertumne, à vos yeux ſi charmant
L'Ingrat céde au pouvoir des appas de Thérone.

Quel cœur peut reſiſter à ſes divins attraits ?
Venus même eſt moins adorable....
Mais, que dis-je ? & quels ſont mes tranſports indiſcrets ?
Je vois que ce coup vous accable,
Ah ! ſi mon cœur commet le plus grand des forfaits,
Accuſez-en l'Amour, luy ſeul en eſt coupable.

SCENE IV.

POMONE.

O Ciel ! dois-je en croire mes yeux ?
Il me fuit , l'Infidele ! ô trahison fatale !
Vertumne à ma douleur m'abandonne en ces lieux :
Et pour comble de maux , Thérone est ma Rivale.

Eclatez , Transports furieux;
Vengeons-nous , perdons qui m'offence.
Regnez , implacable Vengeance ,
Regnez dans ces funestes lieux.

On entend un bruit de Musique champêtre.

Qu'entens-je ? déja l'on s'aprête
A m'offrir de tristes honneurs ,
Que ne puis-je éviter une importune Fête !...
Mais, ma gloire , mon rang , mon devoir , tout m'arête.
Necessité cruelle, attachée aux grandeurs !...
Differons ma vengeance , & contraignons mes pleurs.

SCENE V.

POMONE monte sur le Trône qui luy a été preparé;

Troupe de BERGERS & de BERGERES, qui viennent offrir à cette Déesse, les prémices de leurs fruits.

CHOEUR.

Recevez, charmante Déesse,
L'hommage de nos fruits, & celuy de nos cœurs.

UNE BERGERE.

Que jamais l'Amour ne vous blesse,
Que pour vous combler de faveurs:
Que tout céde à vos yeux vainqueurs:
Regnez Plaisirs, fuyez Tristesse.

CHOEUR.

Recevez, charmante Déesse,
L'hommage de nos fruits, & celuy de nos cœurs.

On danse.

UNE BERGERE.

Vôtre beauté soûmet tout l'Univers;
Est-il un cœur qui ne porte vos fers?
Tout vous adore:
Venus & Flore
Ne brilleroient pas
Où vous portez vos pas.

On danse.

LA

LA BERGERE.

Par vos beaux yeux vous captivez l'Amour;
Ce Dieu se plaît dans vôtre aimable Cour.
Tout vous adore;
Venus & Flore
Ne brilleroient pas
Où vous portez vos pas.

On danse.

UNE AUTRE BERGERE, alternativement avec le Chœur.

Que Vertumne, toûjours fidele,
Brûle pour vous d'un feu constant.

LE CHOEUR.

Que Vertumne, toûjours fidele,
Brûle pour vous d'un feu constant.

LA BERGERE.

Et, s'il se peut, qu'à chaque instant
Il vous trouve encore plus belle.

LE CHOEUR.

Et, s'il se peut, qu'à chaque instant
Il vous trouve encore plus belle.

A ce nom de VERTUMNE, POMONE interompt la Fête.

POMONE.

Je ne puis plus long-temps contraindre ma douleur.
Finissez vos concerts, ils déchirent mon cœur.
Laissez-moy me livrer à mon inquietude,
J'auray soin de vôtre bonheur;
Mais, le trouble où je suis, veut de la solitude.

Je vois Thérone... Ah! je frémis d'horreur.

SCENE VI.

POMONE, THÉRONE.

THÉRONE.

QU'ay-je entendu? Quel couroux vous agite?

POMONE.

Perfide! oses-tu bien te montrer à mes yeux?
Quoy? viens-tu braver en ces lieux
Un cœur, que ta presence irrite?

THÉRONE.

Qui peut donc exciter ces transports furieux?

POMONE.

Tu me trahis, & Vertumne t'adore.
Ah! je te puniray du feu qui le dévore.

THÉRONE.

Quand vous donnez vos soins à calmer mon tourment,
J'oserois vous trahir! ah! le pouvez-vous croire?
Auprès de vos Jardins j'ay quitté vôtre amant,
Du soin de vôtre hymen, il fait toute sa gloire,
Vos attraits à chaque moment
S'offroient en foule à sa memoire,
Et mille fois sa bouche, en vous nommant,
S'aplaudissoit de sa victoire.

POMONE.

Son cœur démentoit ſes diſcours.

THE'RONE.

Quoy! m'auroit-il caché de perfides amours?

POMONE.

Son adreſſe à feindre eſt extrême:
Mais, de ſa trahiſon j'ay vû tous les détours;
Et j'ay forcé l'Ingrat à m'avoüer luy-même,
Qu'infidele à ſes feux, c'eſt vous ſeule qu'il aime.

THE'RONE.

Déeſſe, ſuſpendez ces mouvemens jaloux;
Dès ce jour je veux le confondre.
Mon cœur eſt à Protée; & s'il faut, devant vous,
Fraper vôtre Inconſtant des plus ſenſibles coups;
Mon devoir, & l'amour peuvent vous en répondre.

FIN DU SECOND ACTE.

ACTE TROISIE'ME.

Le Theâtre représente les Jardins de POMONE, que VERTUMNE a pris soin d'embellir luy-même. Les Arbres sont entourez de Guirlandes de fruits, ausquelles on a suspendu des Cartouches où sont les chiffres de POMONE & de VERTUMNE.

SCENE PREMIERE.

VERTUMNE.

Quel coup sensible, ô Ciel! pour un amour si tendre!
La Déesse me fuit, & ne veut plus m'entendre.
Quels terribles regards elle a lancé sur moy!
D'où vient, qu'en me voyant, elle a frémi d'effroy?

Lieux, embellis par l'Amour même;
Arbres, que j'ay parez des plus brillantes fleurs;
Beaux Jardins, où l'Hymen devoit unir nos cœurs,
Perdez tout vôtre éclat, j'ay perdu ce que j'aime.

Quel est mon desespoir affreux!
L'aimable Objet qui regne dans mon ame
A pour jamais éteint sa flâme,
Et je me sens toûjours brûlé des mêmes feux.

Lieux, embellis par l'Amour même;
Arbres, que j'ay parez des plus brillantes fleurs;
Beaux Jardins, où l'Hymen devoit unir nos cœurs,
Perdez tout vôtre éclat, j'ay perdu ce que j'aime.

Ah! cherchons la Déesse. Amour, à ses genoux
Viens avec moy désarmer son couroux.

SCENE II.

PROTE'E sous la figure de Vertumne, THE'RONE.

THE'RONE.

Vertumne, cessez de me suivre.

PROTE'E.

Pour un volage Amant voulez-vous toûjours vivre?
Belle Nymphe, cédez à ma fidele ardeur,
L'Amour vous assure mon cœur.

THE'RONE.

Eteignez une infidele ardeur,
L'Amour vous refuse mon cœur.

DUO. ENSEMBLE.

THE'RONE. *Eteignez une infidele ardeur,*
VERTUMNE. *Cedez à ma fidele ardeur,*
THE'RONE. *L'Amour vous refuse mon cœur,*
VERTUMNE. *L'Amour vous assure mon cœur.*

THE'RONE.

Vertumne, cessez de me suivre.

PROTE'E.

Pour un volage Amant, voulez-vous toûjours vivre?

THE'RONE.

La Déesse en ces lieux se livre au desespoir;
Vous devez tout à sa tendresse.

PROTE'E.

Ne rapellez point mon devoir,
Je dois tout à Thérone, & rien à la Déesse.

THE'RONE.

Protée aime Pomone, & malgré ses amours,
C'est pour vous seul qu'elle est encor sensible.

PROTE'E.

Elle hait donc Protée? ô Ciel! est-il possible?

THE'RONE.

Elle veut le haïr toûjours.

PROTE'E.

Que ce sincere aveu m'offense,
Achevons de goûter une douce vengeance.

L'Amour dégage mes serments;
Ce Dieu veut que Vertumne abandonne Pomone;
Il vous devoit, belle Thérone,
Le plus fidéle des amants.

THE'RONE.

Perdez une vaine esperance,
Et reprenez vos premiers nœuds,
J'aime toûjours Protée, il outrage mes feux;
Mais, l'Ingrat sur mon cœur garde encor sa puissance,

PROTE'E.

Belle Nymphe, que dites-vous?
Quoy! vous pourriez l'aimer encore?

THE'RONE.

Peut-il douter que mon cœur ne l'adore?
Quand je le vois, je sens expirer mon couroux.

Amour, fais-luy ſçavoir mes mortelles allarmes.
Pein-luy les maux que je reſſens;
Porte-luy mes triſtes accens;
Il ne ſçait pas, combien il m'a coûté de larmes.

PROTE'E.

à part.

Que je la plains! Mais, quel tendre retour
Entre-elle & la Déeſſe, aujourd'huy me partage?
Devrois-je, helas! à tant d'amour
Oppoſer un cœur ſi volage?
Suivons-là.... Je prétens l'éprouver davantage.

à THE'RONE.

Thérone, où fuyez-vous?

THE'RONE.

Où vous ne ſerez pas.

PROTE'E.

Ah! je ſuivray par tout vos pas.

THE'RONE.

Vertumne, ceſſez de me ſuivre.

PROTE'E.

Pour un volage amant, voulez-vous toûjours vivre?

SCENE III.

POMONE, voyant le faux VERTUMNE courir après THE'RONE.

PUis-je en douter ! ô Sort plein de rigueur!
Ah ! je succombe à ma douleur.

Mes Yeux, laissez couler vos larmes ;
Pleurez la perte de vos charmes.

Que sont devenus vos attraits!
Ces attraits qui causoient de si douces allarmes?
L'Ingrat qui vous rendit les armes!
Vous abandonne pour jamais.

Mes Yeux, laissez couler vos larmes ;
Pleurez la perte de vos charmes.

Mais, c'est trop m'occuper d'un funeste malheur ;
Sors de mon cœur, fais place à la fureur.

Jaloux Transports, noire Fureur,
Venez, je vous livre mon cœur.

Que de tourments ! Non, rien ne les égale,
Thérone me trahit, ô Dieux !
Ne perdons plus des moments pretieux,
Je veux moy-même immoler ma Rivale.

Jaloux Transports, noire Fureur,
Venez, je vous livre mon cœur.

SCENE IV.

POMONE, le veritable VERTUMNE.

POMONE.

à part.

JE vois l'Ingrat, ô Ciel! quel dessein le rappelle?

à VERTUMNE.

N'approche pas, Cœur infidele.

VERTUMNE se jette aux pieds de POMONE.

Vôtre couroux m'accable dans ce jour,
Je veux le croire legitime,
Mais, du moins par pitié, si ce n'est par amour,
Déesse, apprenez-moy mon crime,

POMONE.

Tu feins encor à mes genoux
D'ignorer les raisons de mon juste couroux;
Peut-on porter si loin une coupable audace?
Crois-tu que de mon cœur ta trahison s'éface?
Va, Thérone t'attend, cours, vole sur ses pas.

VERTUMNE.

Thérone?

POMONE.

Diras-tu que tu ne l'aimes pas?

VERTUMNE.

Qu'entens-je? moy l'aimer? Qui vous l'a dit, Déesse?
Ah! contre une imposture...

POMONE.

Oses-tu me parler?

à part.

Prétent-il me dissimuler
Son indigne & lâche tendresse?

VERTUMNE.

Voyez dans vos Jardins, ces Couronnes de fleurs,
Ces Chiffres, où mon nom se mêle avec le vôtre;
J'ay preparé ces lieux, témoins de mes ardeurs:
Quand l'Hymen & l'Amour doivent unir nos cœurs,
Helas! puis-je en aimer une autre?

POMONE.

Tu n'as pû resister à ses divins attraits,
Tu me l'as trop dit, ton cœur l'aime.

VERTUMNE.

O Ciel! ma surprise est extrême!
Mon cœur qui ne changea jamais
Se seroit-il trahy luy-même?

THÉRONE paroît.

Ah! j'aperçois Thérone, elle seule à vos yeux
Peut me justifier d'un soupçon odieux.

SCENE V.

POMONE, THE'RONE, VERTUMNE.

VERTUMNE, à THE'RONE.

THérone, ay-je jamais démenty ma tendresse?
Ay-je brulé pour vos appas?
Parlez, rassurez ma Déesse.

THE'RONE.

Moy, te justifier? ne le présume pas,
Volage Amant, Cœur infidele,
Oüy, tu brûles pour moy d'une ardeur criminelle.

VERTUMNE.

Amour, j'ose aujourd'huy défier ta rigueur;
De quel coup plus cruel, peux-tu fraper mon cœur?

POMONE.

Ton embaras ne sert qu'à te confondre.
Helas! que pourrois-tu répondre?

VERTUMNE, à THE'RONE.

Nymphe, je l'avoüeray, frapé d'étonnement,
Je veux en vain pénétrer ce mistere:
Est-ce un pouvoir divin? est-ce un enchantement?
Pourquoy m'imputez-vous un crime imaginaire?

THE'RONE.

N'ay-je pas rejetté tes vœux?
Hé quoy! dans ces jardins, presque en ce moment même,
Quand tu me parlois de tes feux,
Ne t'ay-je pas nommé le Volage que j'aime?
Tu sçais trop que mon cœur, fidele à ses serments,
Dédaigne les autres amants.
Pourquoy donc t'aplaudir des troubles que tu causes?
Tu ne réponds plus rien. Démens-moy, si tu l'oses.

POMONE.

Amour, brise un fatal lien,
L'Ingrat meritoit-il un cœur, comme le mien?

VERTUMNE.

Témoin des horreurs que j'endure,
O Jupiter! je n'ay recours qu'à toy;
Pere des Dieux, exauce-moy;
Justifie une ardeur si fidele, & si pure.

SCENE VI.

POMONE, THE'RONE, VERTUMNE, PROTE'E.

PROTE'E dans sa forme ordinaire.

RAssurez vos esprits trop long-temps agitez.
Vertumne, vous DE'ESSE, *& vous Nymphe, écoutez:*

L'Amour me force à rompre le silence,
Sortez, sortez de vôtre erreur:
De vos troubles enfin, reconnoissez l'Auteur;
De Vertumne, Protée avoit pris l'apparence:
A Thérone je rends mon cœur,
Je suis touché de sa constance.

POMONE.

Ah! falloit-il ainsi traverser mes amours?

PROTE'E.

J'ay voulu voir si vous étiez fidele.

THE'RONE.

Pourquoy prendre avec moy cette forme nouvelle?

PROTE'E.

J'ay voulu voir si vous m'aimiez toûjours.

Que Vertumne se rassure.
Nymphe, comblez mon bonheur,
Pardonnez à l'heureuse imposture,
Je n'ay pas changé de cœur.

VERTUMNE.

Peuple, à mes loix toûjours fidelle,
Que vôtre empressement réponde à mon amour;
Celebrez les attraits de l'aimable Immortelle
Qui regne dans ce beau séjour.

SCENE

SCENE VII.

POMONE, VERTUMNE, PROTE'E, THE'RONE, TRITON.

Troupe de Jardiniers & de Jardinieres.

MARCHE.

CHOEUR.

GOûtez, à chaque inſtant, une douceur nouvelle,
Tendres Amants, vivez en paix;
Que vôtre ardeur ſoit éternelle.
Que les plus doux plaiſirs couronnent vos ſouhaits;
Et que, de ſes faveurs, l'Amour comble à jamais,
Une flamme ſi belle.

Danſe des Jardiniers & des Jardinieres.

POMONE.

CANTATE.

Habitans de ces lieux, chers Témoins de ma flamme,
Vertumne ſent pour moy la plus conſtante ardeur,
Partagez les tranſports qui regnent dans mon ame:
Je ne veux m'occuper que de vôtre bonheur.

ARIETTE.

Que les plus beaux fruits de l'Automne,
Succedent aux fleurs du Printemps;

Que les biens les plus éclatants,
Surpassent l'espoir que j'en donne:
Amour, tu permets à Pomone
De rendre tous les cœurs contents.

Que les plus beaux fruits de l'Automne,
Succedent aux fleurs du Printemps.

PROTÉE.

Chantez à vôtre tour la Beauté qui m'engage;
Habitans de ces bords heureux;
Formez icy les mêmes jeux
Que vous formez sur le rivage.

SCENE HUITIE'ME & derniere.

Troupe de MATELOTS & de MATELOTTES, qui forment de nouvelles Danses.

UNE MATELOTTE.

Dans ces beaux jardins,
Bacchus & l'Amour s'unissent;
Tous deux ils remplissent
Nos heureux destins.

Le doux fruit d'Automne,
Que Bacchus nous donne,
Prépare nos cœurs,
Aux plus vives ardeurs;
Et l'Amour ensuite,
Aisément profite,
Des troubles confus,
Commencez par Bacchus.

Danse generale, ensuite de laquelle on repete le Chœur. *Goûtez à chaque instant, &c.*

FIN DU BALLET.

APPROBATION.

J'Ay lû, par ordre de Monseigneur le Garde des Sceaux, *Les Amours de Protée, Ballet*, & la lecture de cet Ouvrage m'a fait esperer beaucoup de la Représentation. Fait à Paris ce 10. May 1720. Signé HOUDAR DE LA MOTTE.

PRIVILEGE DU ROY.

LOUIS par la grace de Dieu, Roy de France & de Navarre : A nos amez & feaux Conseillers, les Gens tenant nos Cours de Parlement, Maîtres des Requêtes ordinaires de nôtre Hôtel, Grand Conseil, Prevôt de Paris, Baillifs, Sénéchaux, leurs Lieutenans Civils, & autres nos Justiciers qu'il appartiendra, Salut. Les Sieurs Besnier, Avocat en Parlement, Chomat, Duchesne, & de la Val de S. Pont, Bourgeois de nôtre bonne Ville de Paris ; Nous ont fait remontrer, qu'en consequence de l'Arrêt de nôtre Conseil du 12. Decembre 1712. du Traité fait entr'eux & les Sieurs de Francine & Dumont, le 24. desdits Mois & An, & de nos Lettres Patentes du 8. Janvier ensuivant, confirmatives dudit Traité ; Ils auroient acquis le Privilege de faire representer les Opera durant le temps de vingt années, à compter du 10. Août 1712. ainsi que le Privilege de la vente des Paroles desdits Opera, lesquelles ils desireroient faire imprimer pour les donner au Public, s'il Nous plaisoit leur accorder nos Lettres de Privilege sur ce necessaires : A CES CAUSES ; desirant favorablement traiter les Exposants, attendu les charges dont l'Accademie Royale de Musique se trouve oberée, & les grandes dépenses qu'il convient de faire tant pour l'Impression que pour la Gravûre en Taille-douce des Planches dont ce Livre sera orné ; Nous leur avons permis & permettons par ces Presentes, de faire imprimer & graver les Paroles & la Musique de tous lesdits Opera, qui ont été ou qui seront representez par l'Academie Royale de Musique, tant separément que conjointement, en telle forme, marge, caractere, nombre de Volumes & de fois que bon leur semblera, & de les faire vendre & debiter par tout nôtre Royaume pendant le temps de dix-neuf années consecutives, à compter du jour de la datte desdites Presentes. Faisons défenses à toutes personnes, de quelque qualité & condition qu'elles puissent être, d'en introduire d'impression étrangere, dans aucun lieu de notre obéïssance ; Et à tous Imprimeurs, Libraires, Graveurs, & autres, d'imprimer, faire imprimer, vendre, faire vendre, débiter ny contrefaire lesdites Impressions, Planches & Figures, en tout ny en partie ; sans la permission expresse & par écrit desdits Sieurs Exposans, ou de ceux qui auront droit d'eux, à peine de confiscation des Exemplaires contrefaits, de six mille livres d'amende contre chacun des contrevenants, dont un tiers à Nous, un tiers à l'Hôtel-Dieu de Paris, l'autre tiers ausdits Sieurs Exposans, & de tous dépens, dommages & interêts, à la charge que ces Presentes seront enregistrées tout au long sur le Registre de la Communauté des Imprimeurs & Libraires de Paris, & ce dans trois Mois de la datte d'icelles ; que la gravûre & impression desdits Opera sera faite dans nôtre Royaume & non ailleurs, en bon papier & en beaux caracteres, conformément aux Reglemens de la Librairie, & qu'avant de les exposer en vente, il en sera mis deux Exemplaires dans nôtre Biblioteque publique, un dans celle de nôtre Château du Louvre, un autre dans celle de notre tres-cher & feal Chevalier Chancelier de France, le Sieur Phelypeaux, Comte de Pontchartrain, Commandeur de nos Ordres ; le tout à peine de nullité des Presentes ; du contenu desquelles vous mandons & enjoignons de faire joüir lesdits Sieurs Exposans, ou leurs ayants cause, pleinement & paisiblement, sans souffrir qu'il leur soit fait aucun trouble ou empeschement. Voulons que la Copie desdites Presentes, qui sera imprimée au commencement ou à la fin desdits Opera, soit tenuë pour dûement signifiée, & qu'aux Copies collationnées par l'un de nos amez & feaux Conseillers & Secretaires, foy soit ajoûtée comme à l'Original. Commandons au premier nôtre Huissier ou Sergent, de faire pour l'execution d'icelles tous Actes requis & necessaires, sans demander autre permission, & nonobstant Clameur de Haro, Charte Normande & Lettres à ce contraires : CAR tel est nôtre plaisir. DONNE' à Versailles le vingtiéme jour d'Août l'an de Grace 1713. & de nôtre Regne le soixante-onziéme. Par le Roy en son Conseil. Signé BESNIER, avec paraphe, & scellé.

Registré sur le Registre N°. III. de la Communauté des Libraires & Imprimeurs de Paris, *Page* 648. N°. 741. conformément aux Reglements, & notamment à l'Arrest du 30. Aoust 1703. Fait à Paris ce 11. Septembre 1713. *Signé*, L. JOSSE, Syndic.

Par Traité passé, DE L'ORDRE DU ROY, *pardevant Notaires*, *le* 11. *Novembre* 1717 *entre l'Academie Royale de Musique*, *& le Sr.* BALLARD, *Seul Imprimeur du Roy*, *&c. Il est Cessionnaire de ladite Academie*, *pour ce qui regarde les Livres mentionnez au Privilege cy-dessus.*

www.ingramcontent.com/pod-product-compliance
Ingram Content Group UK Ltd.
Pitfield, Milton Keynes, MK11 3LW, UK
UKHW020432180726
13839UKWH00003B/1459